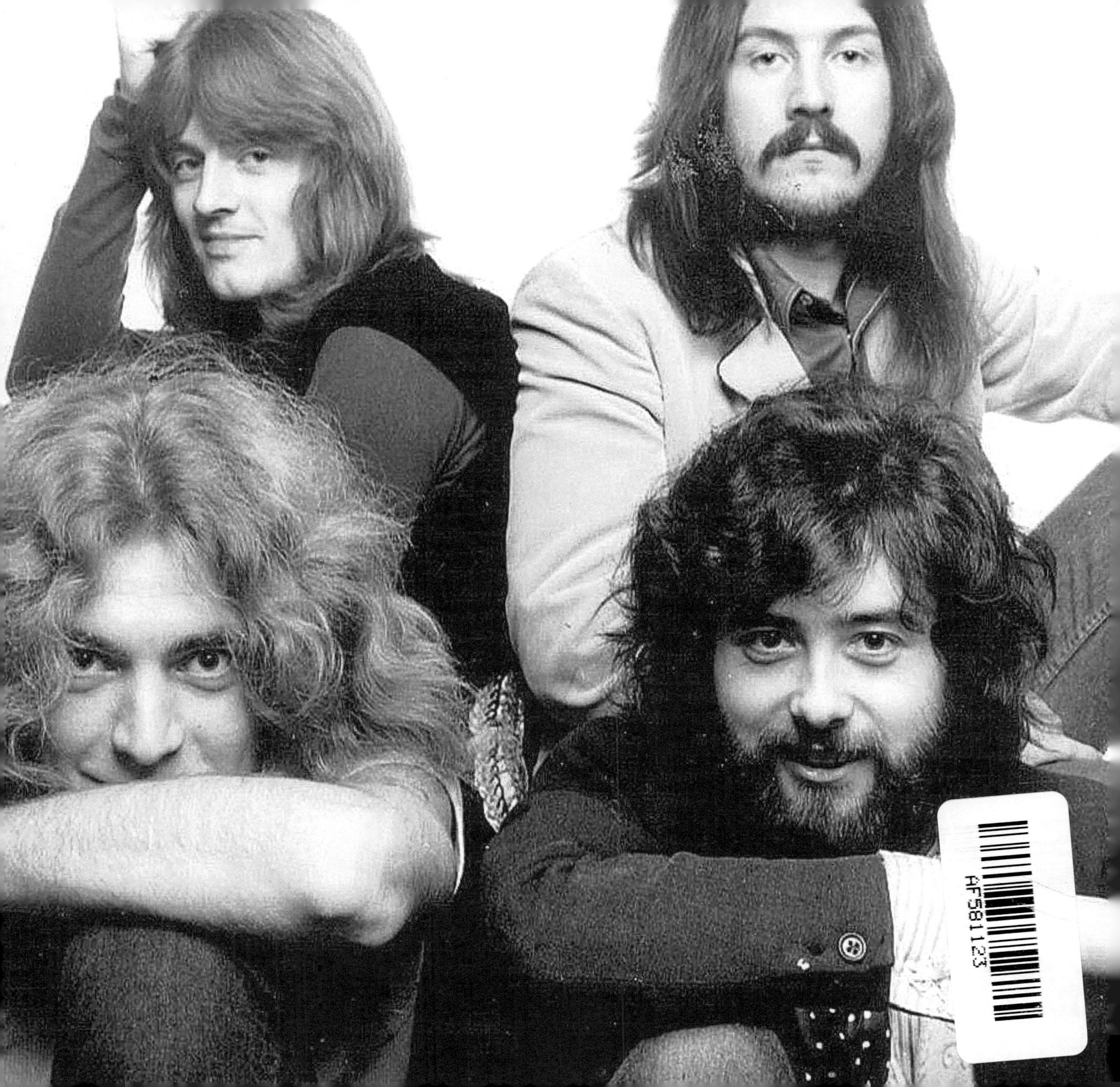

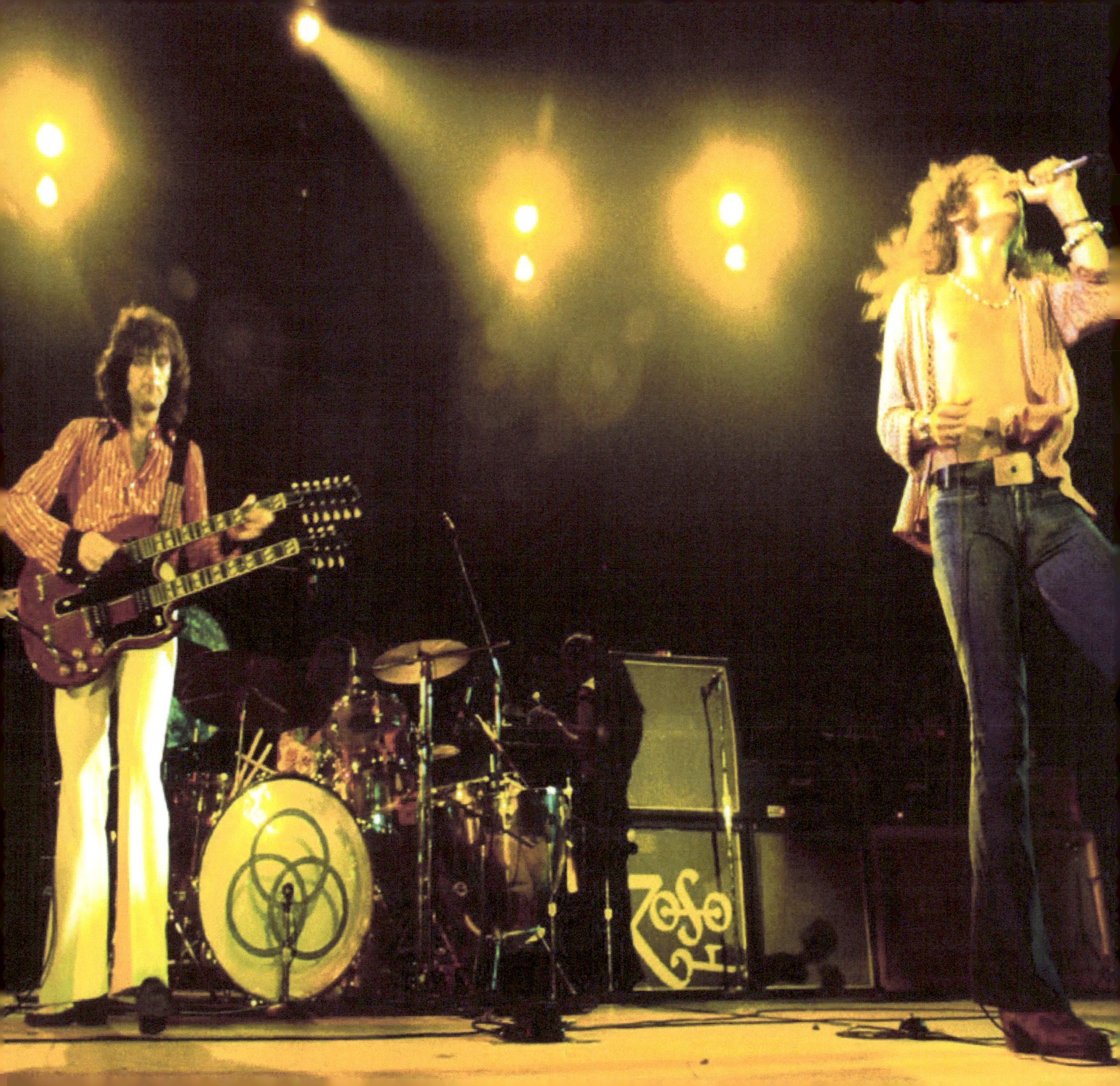

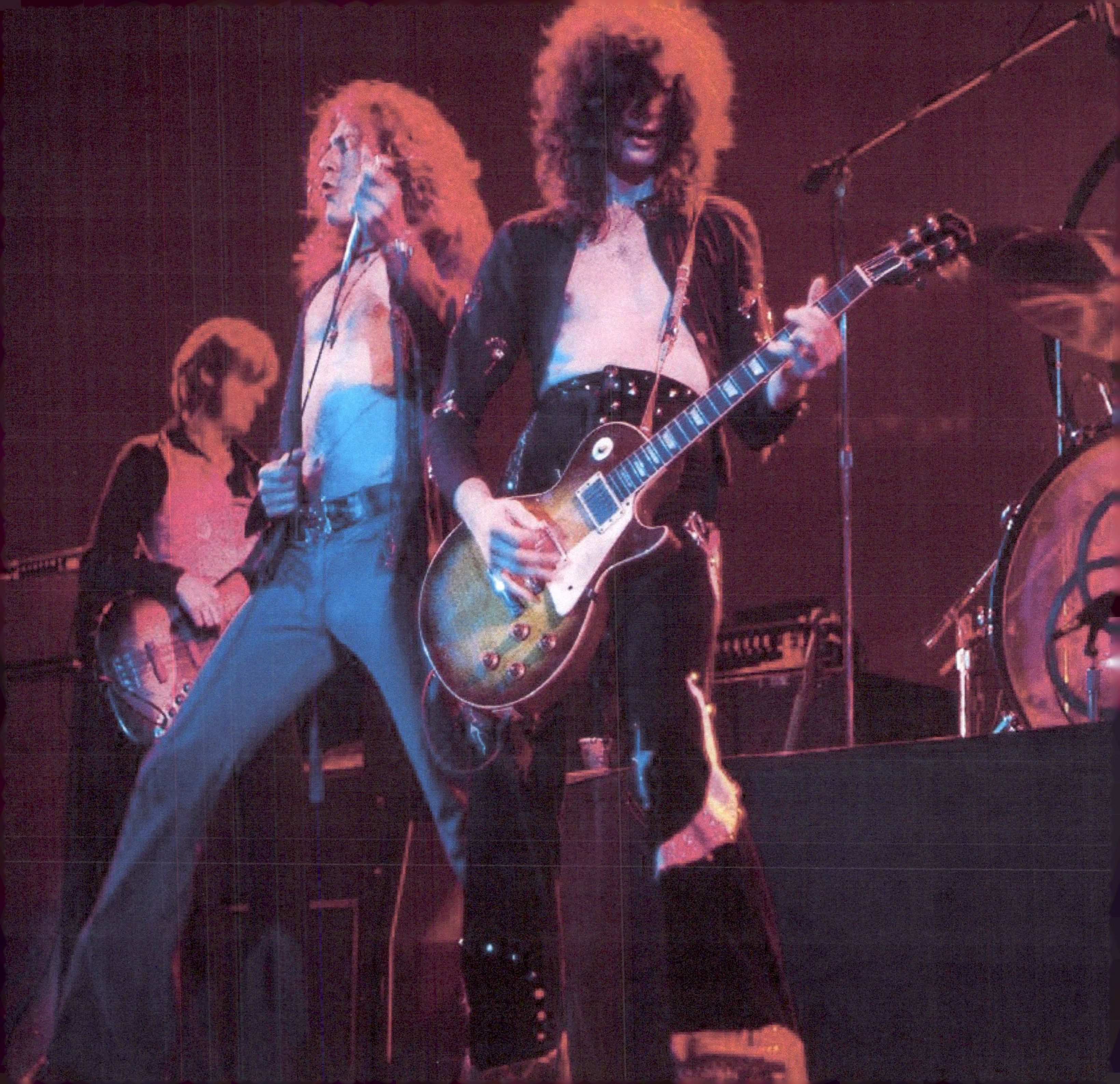

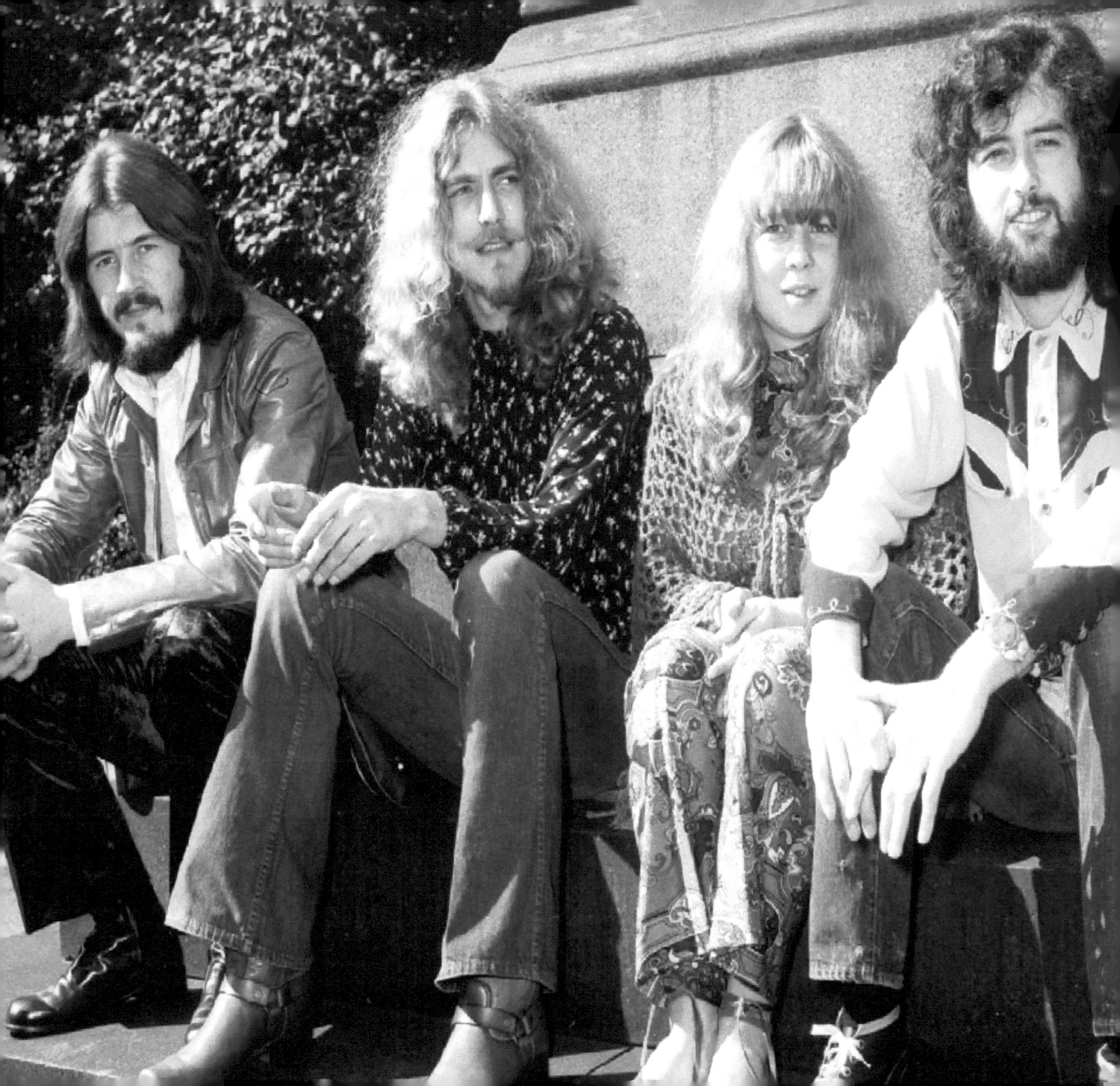

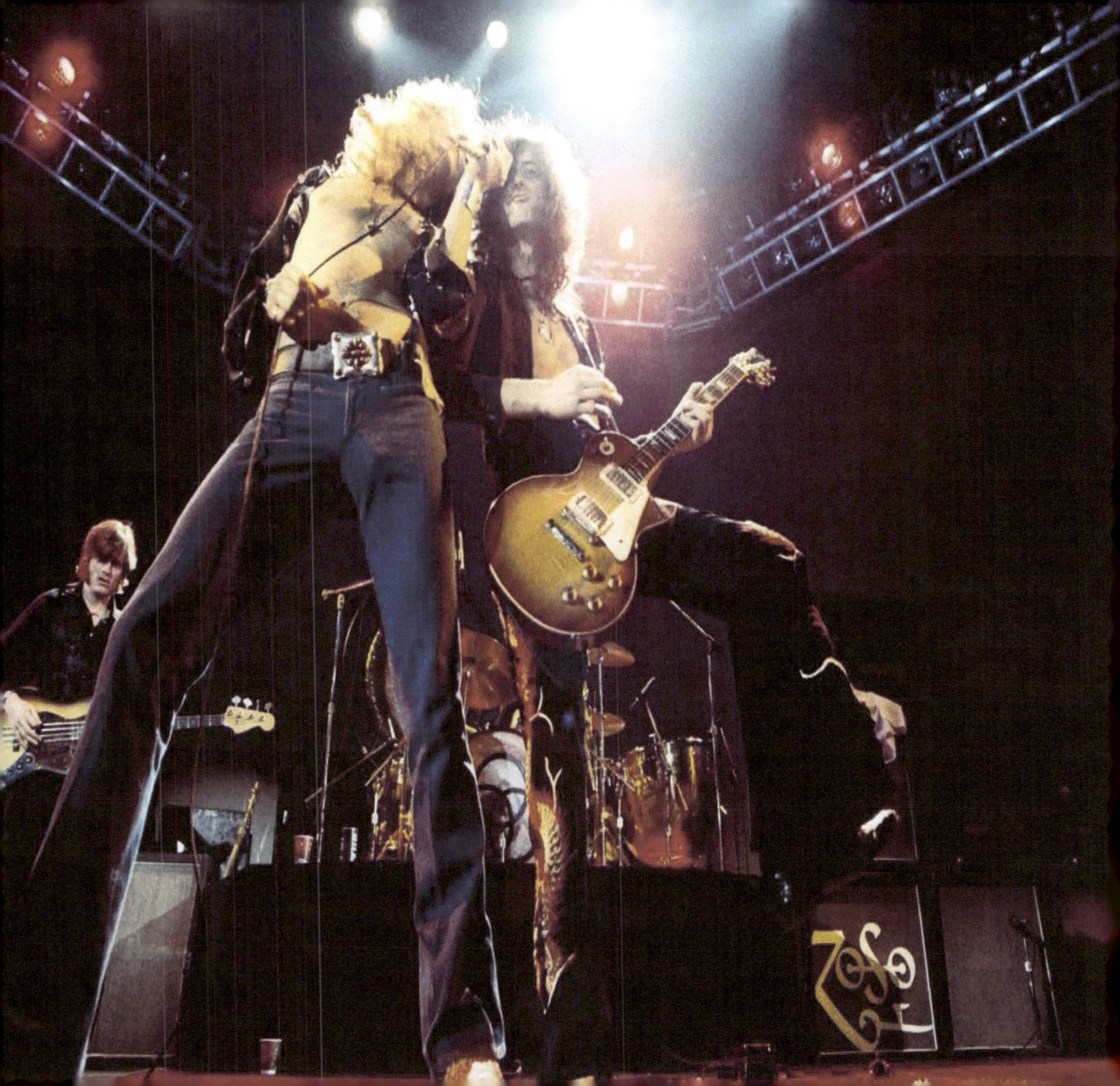

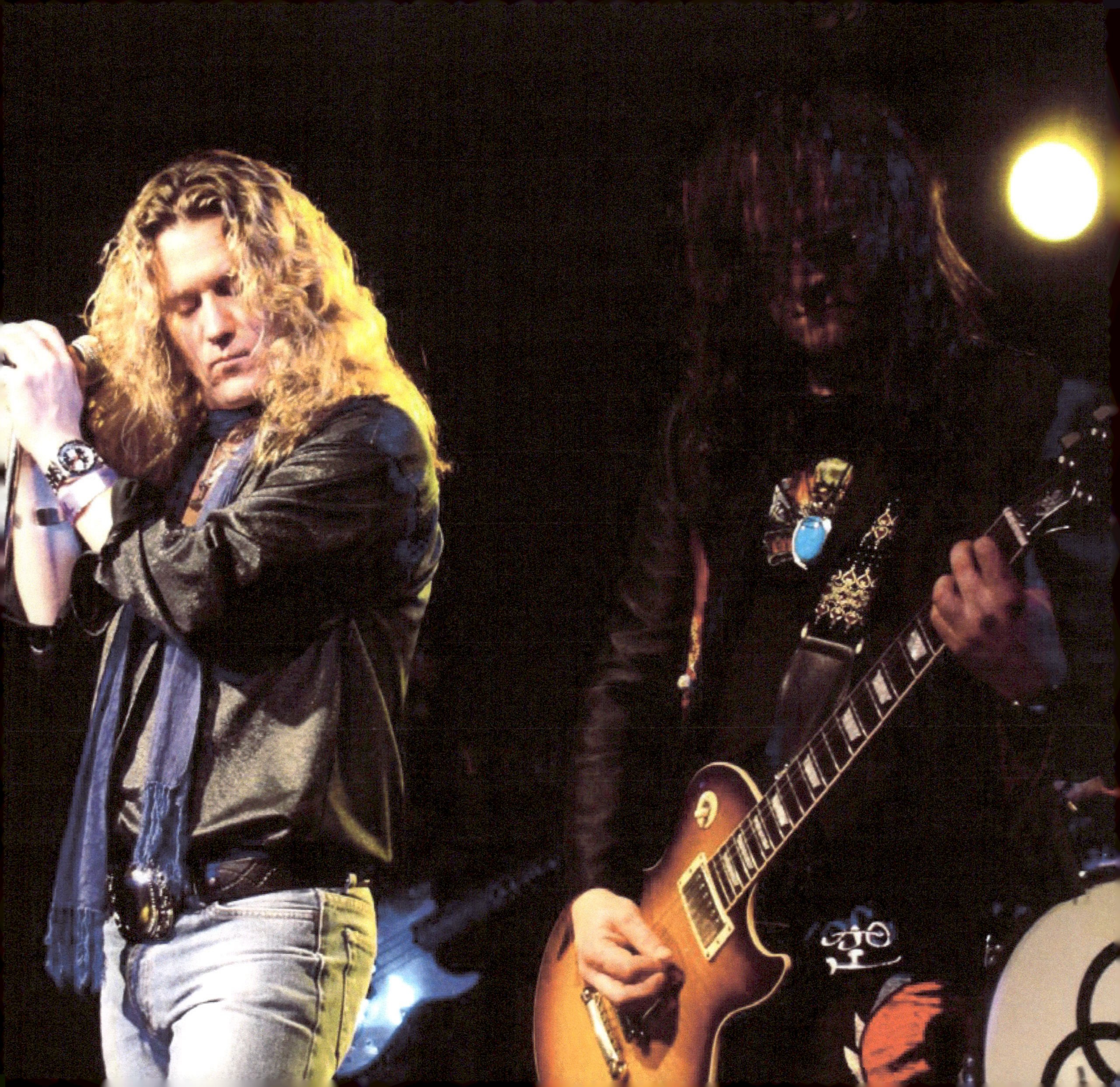

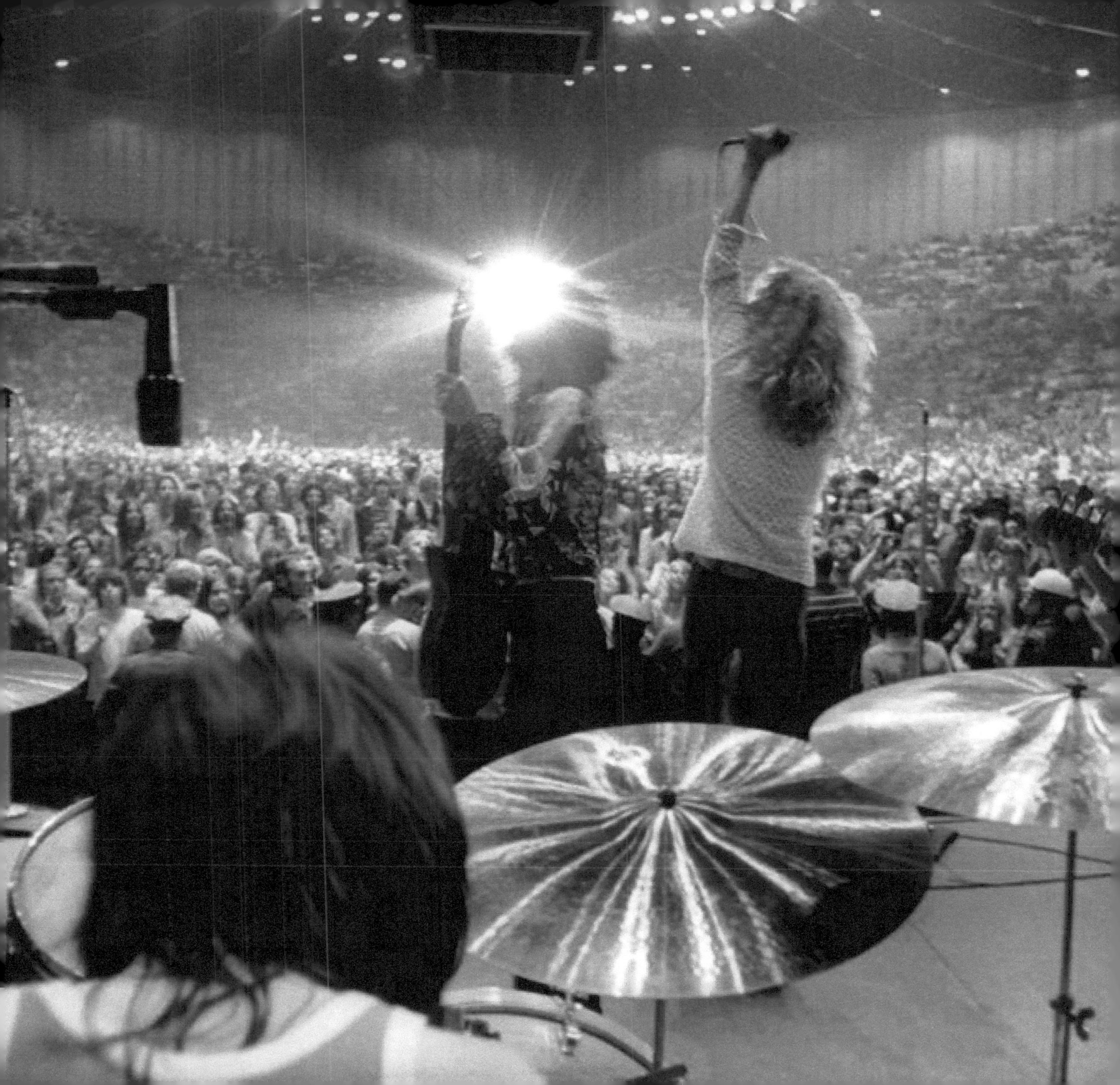

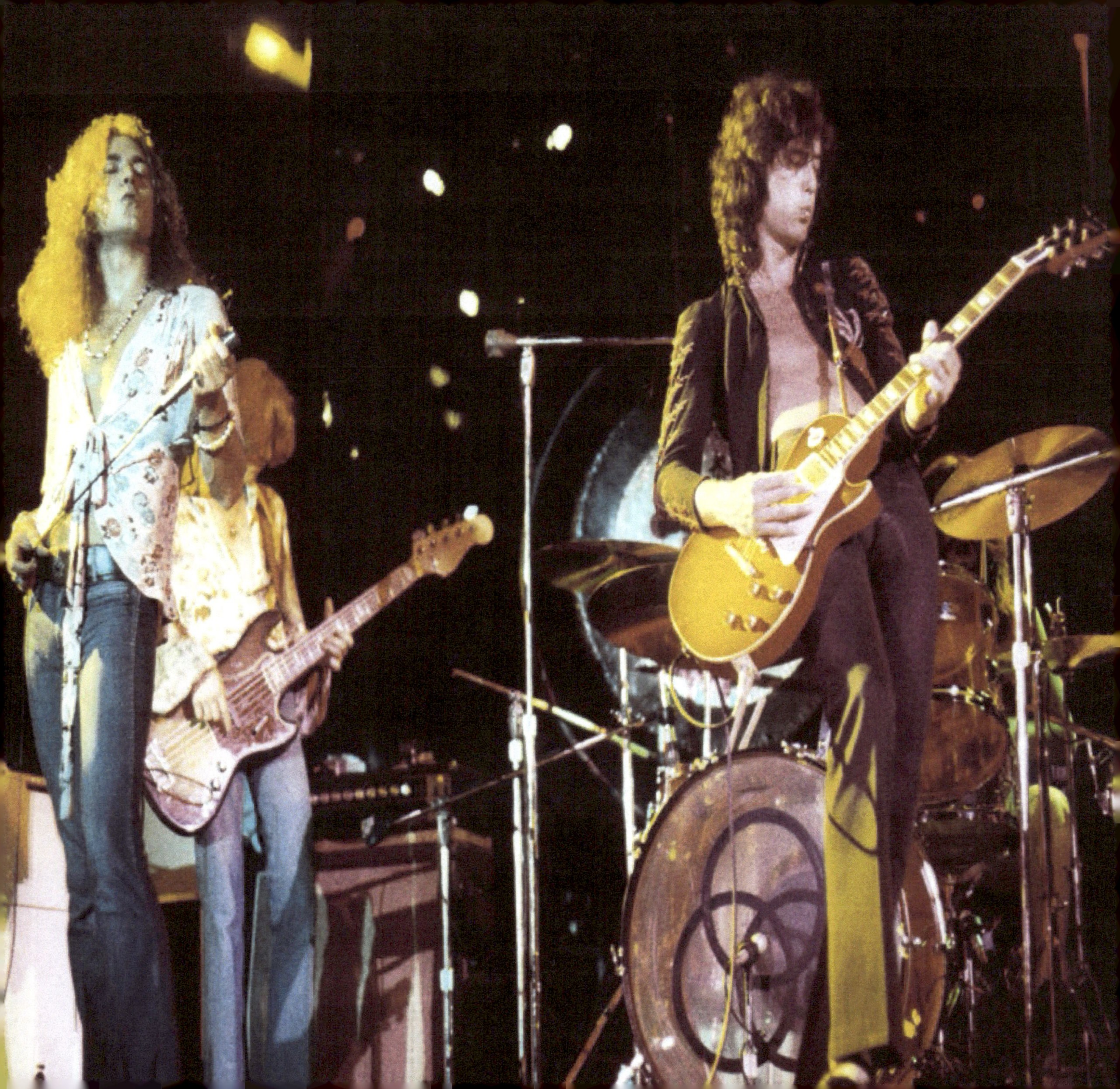

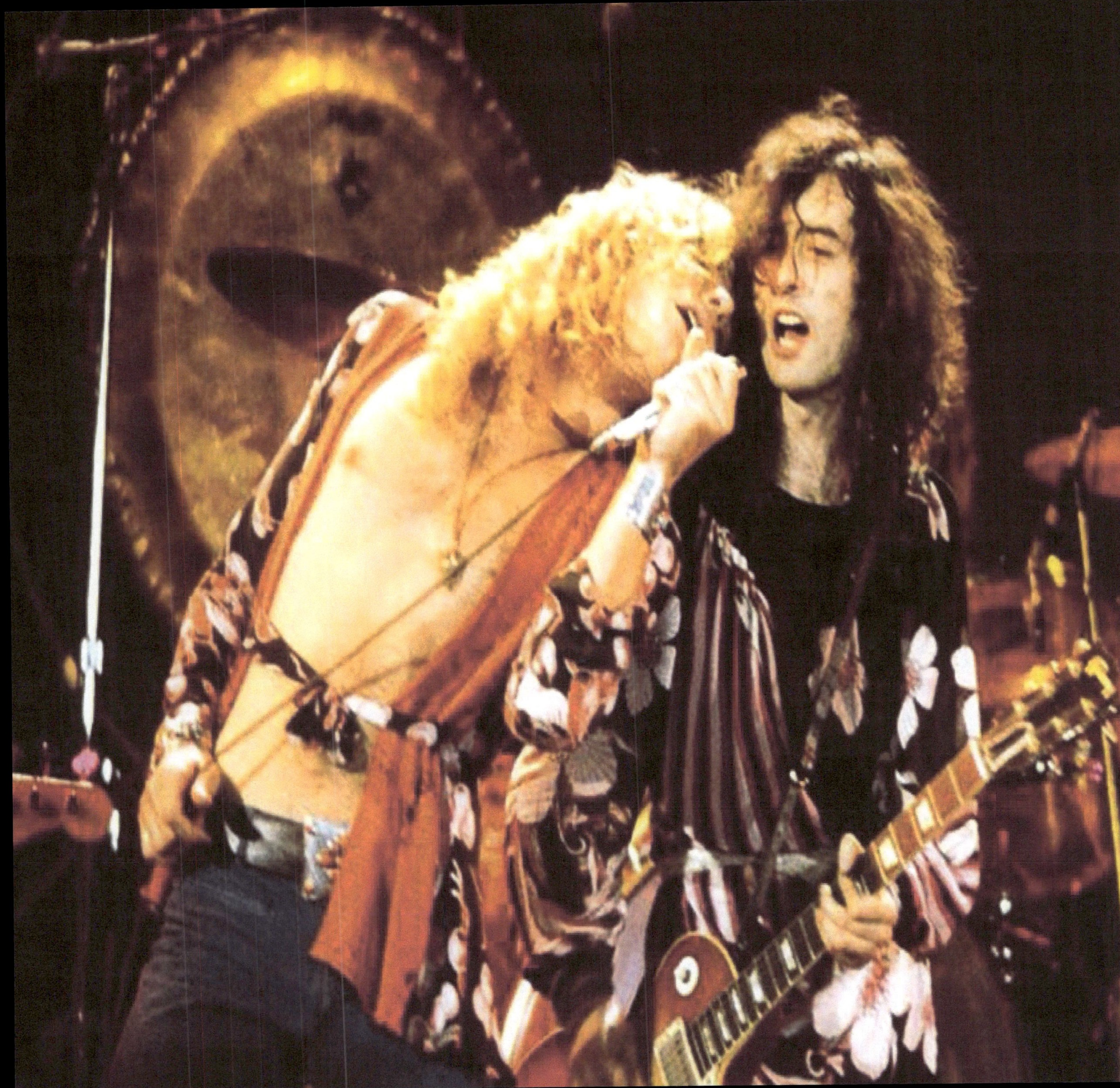

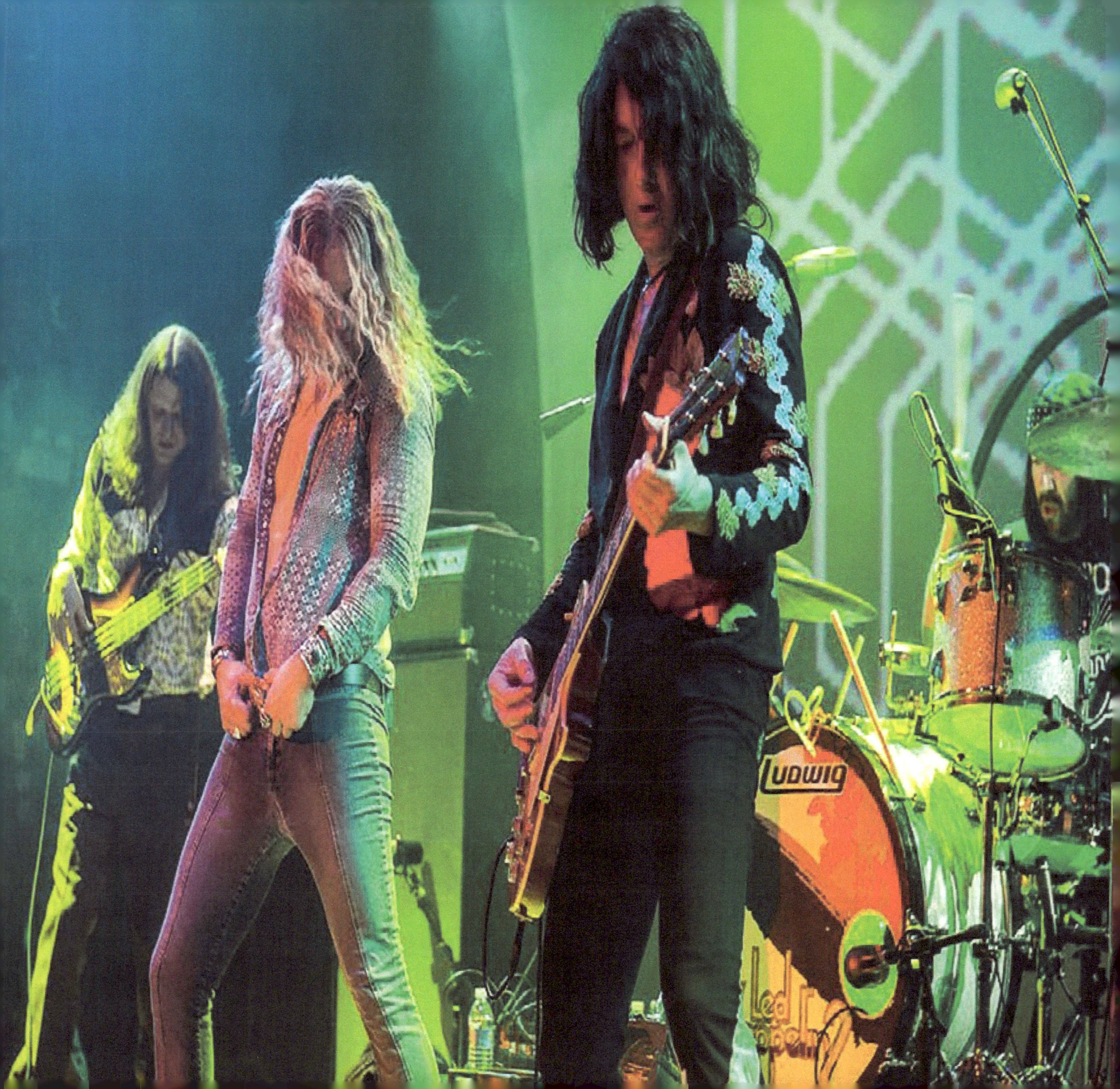
Ludwig

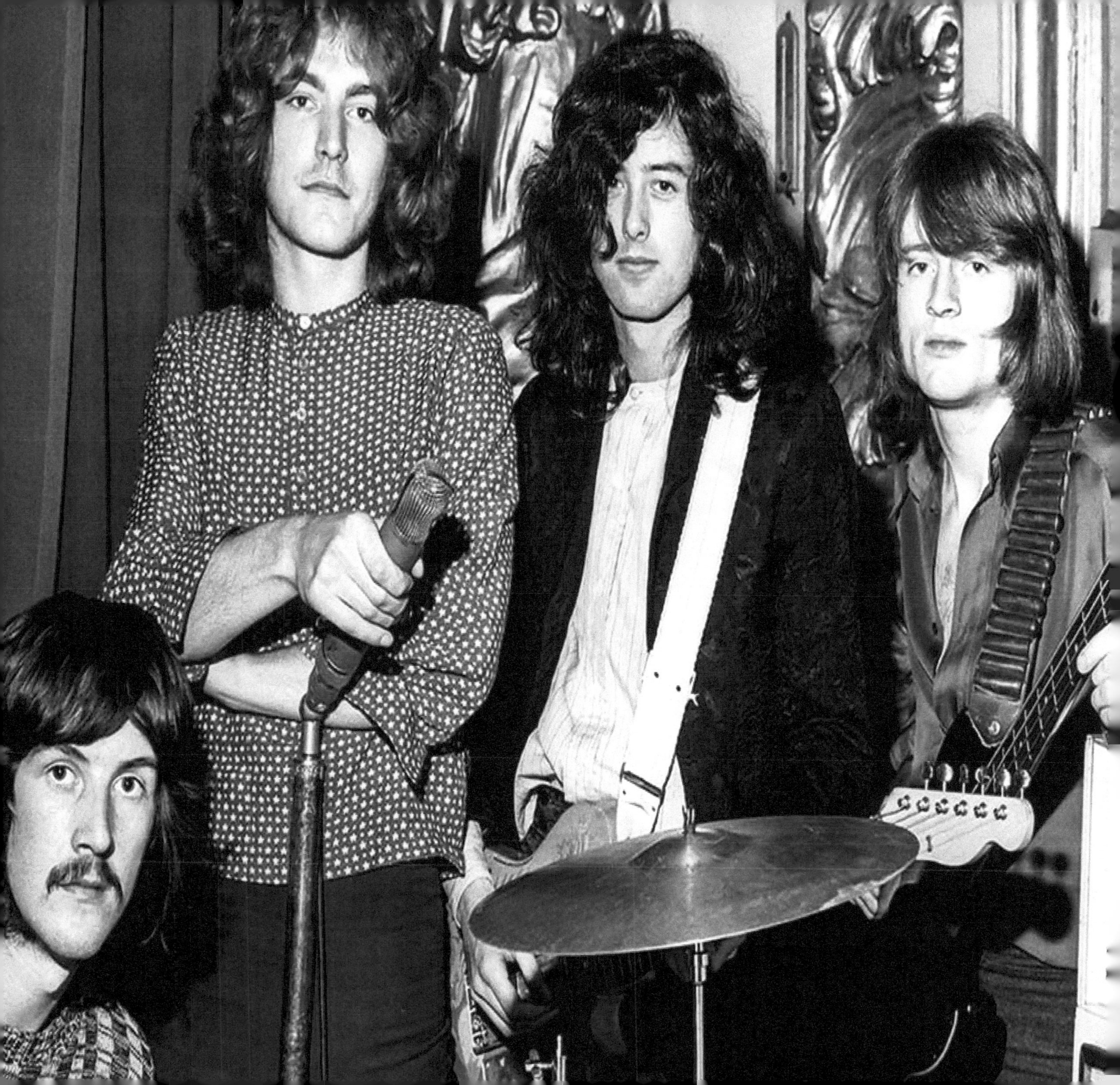

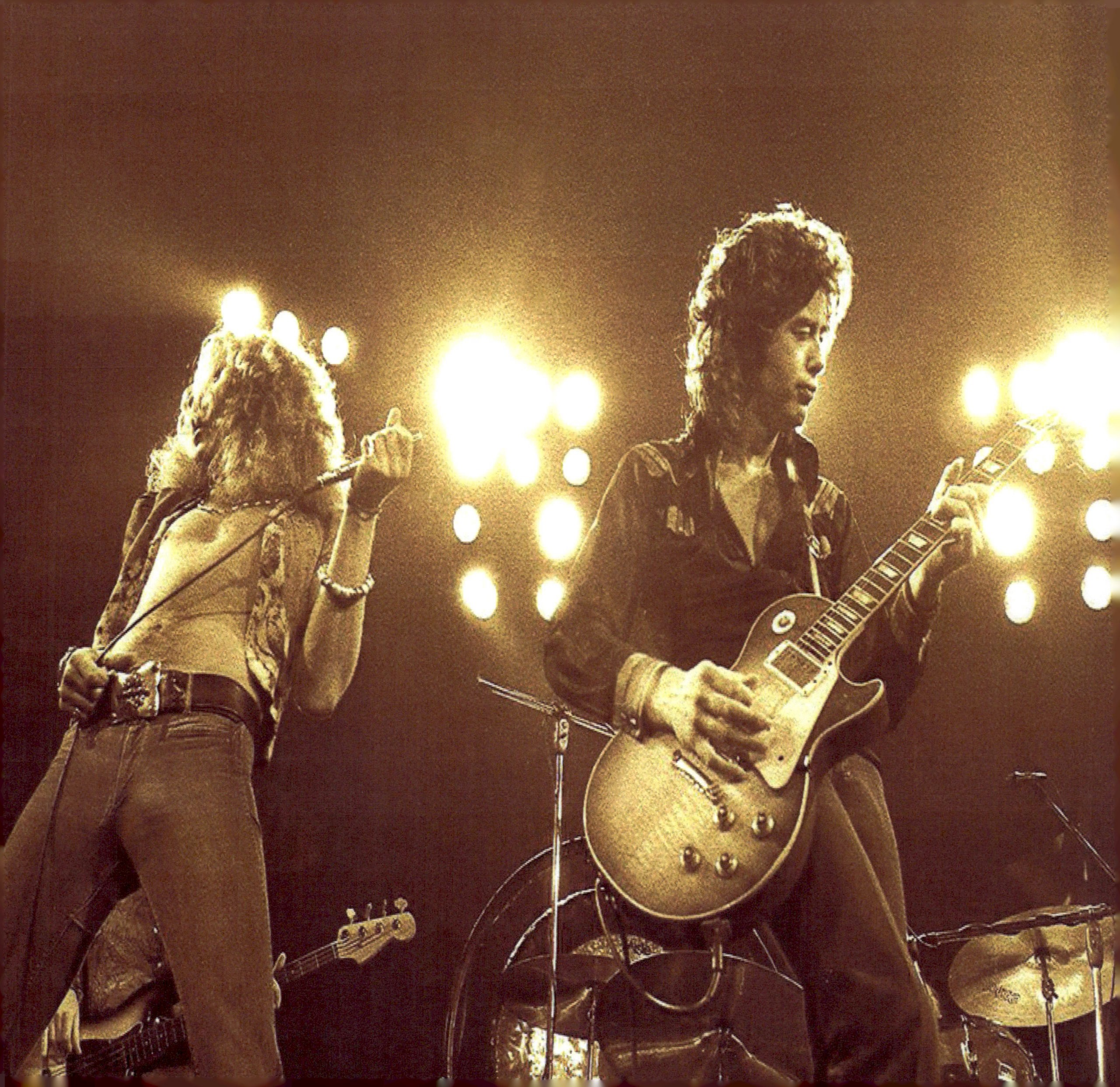

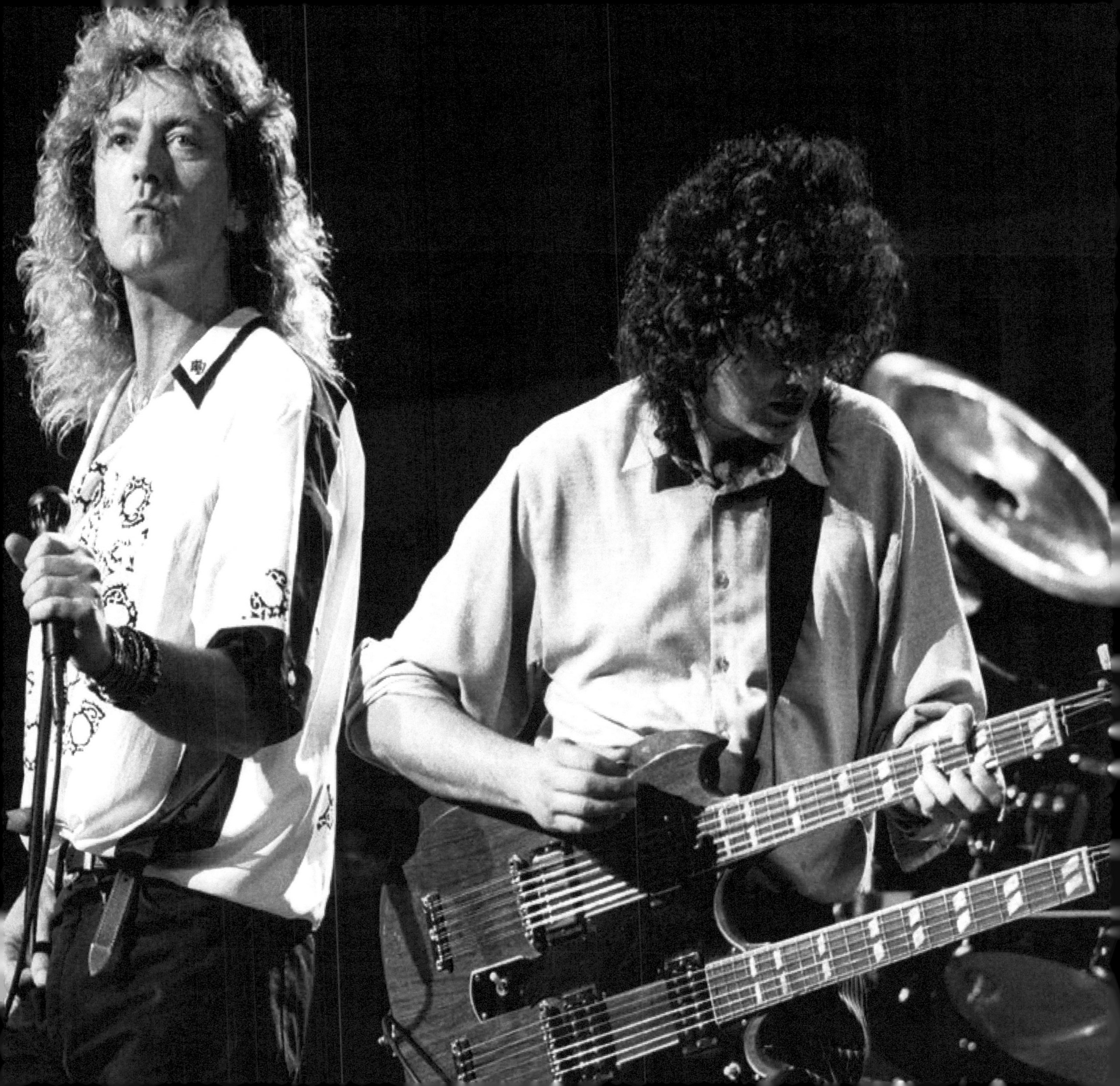

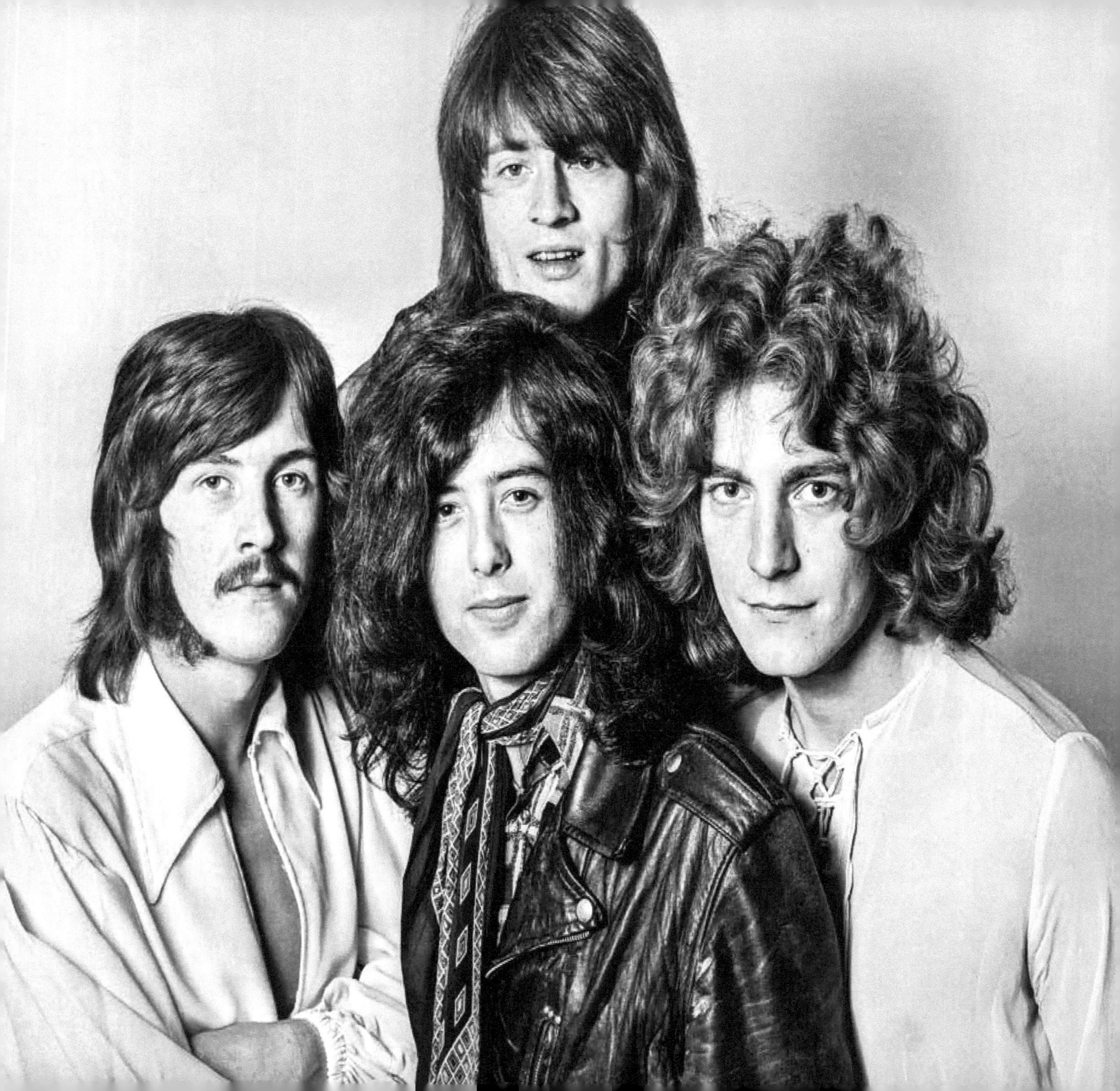

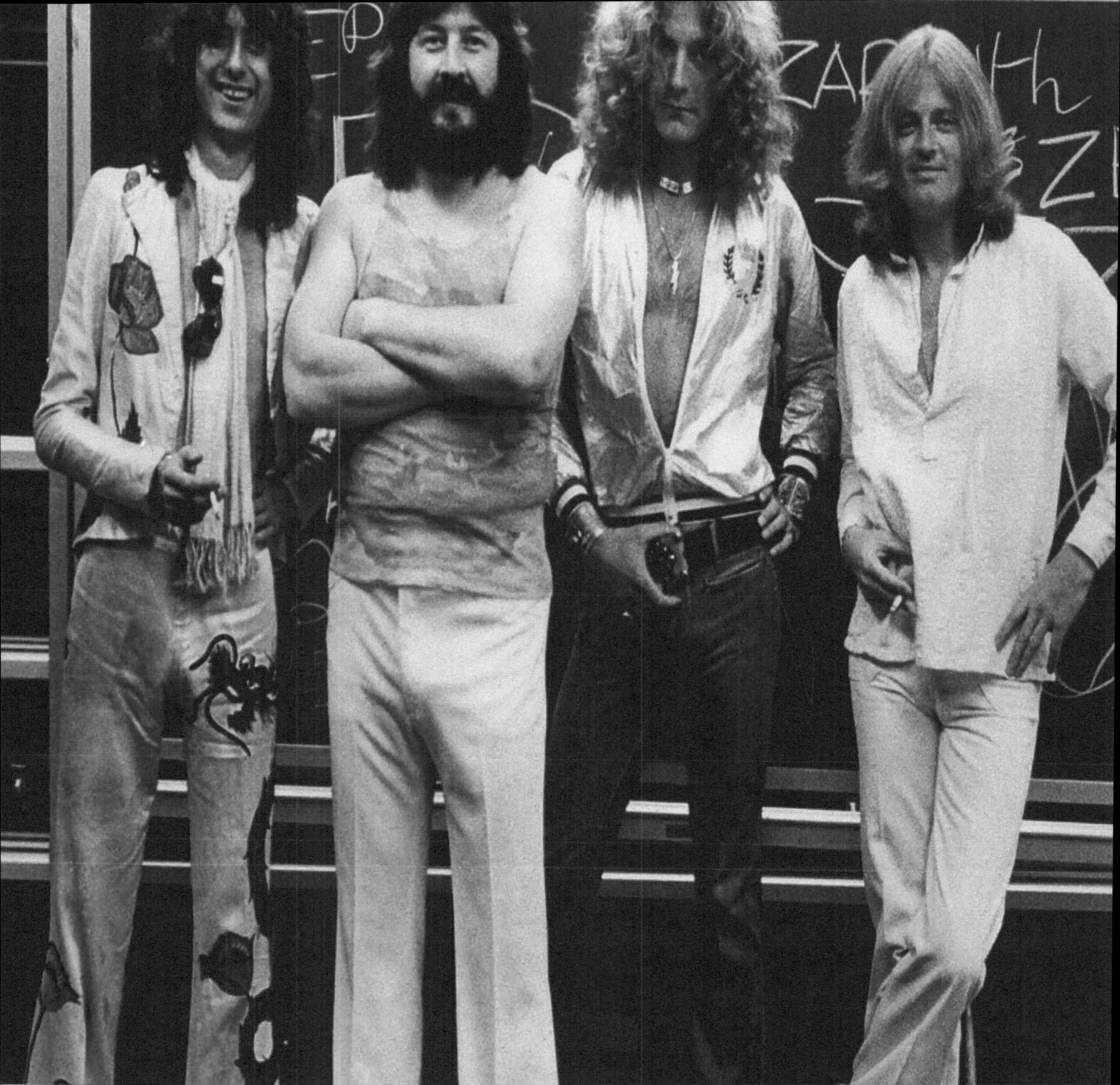

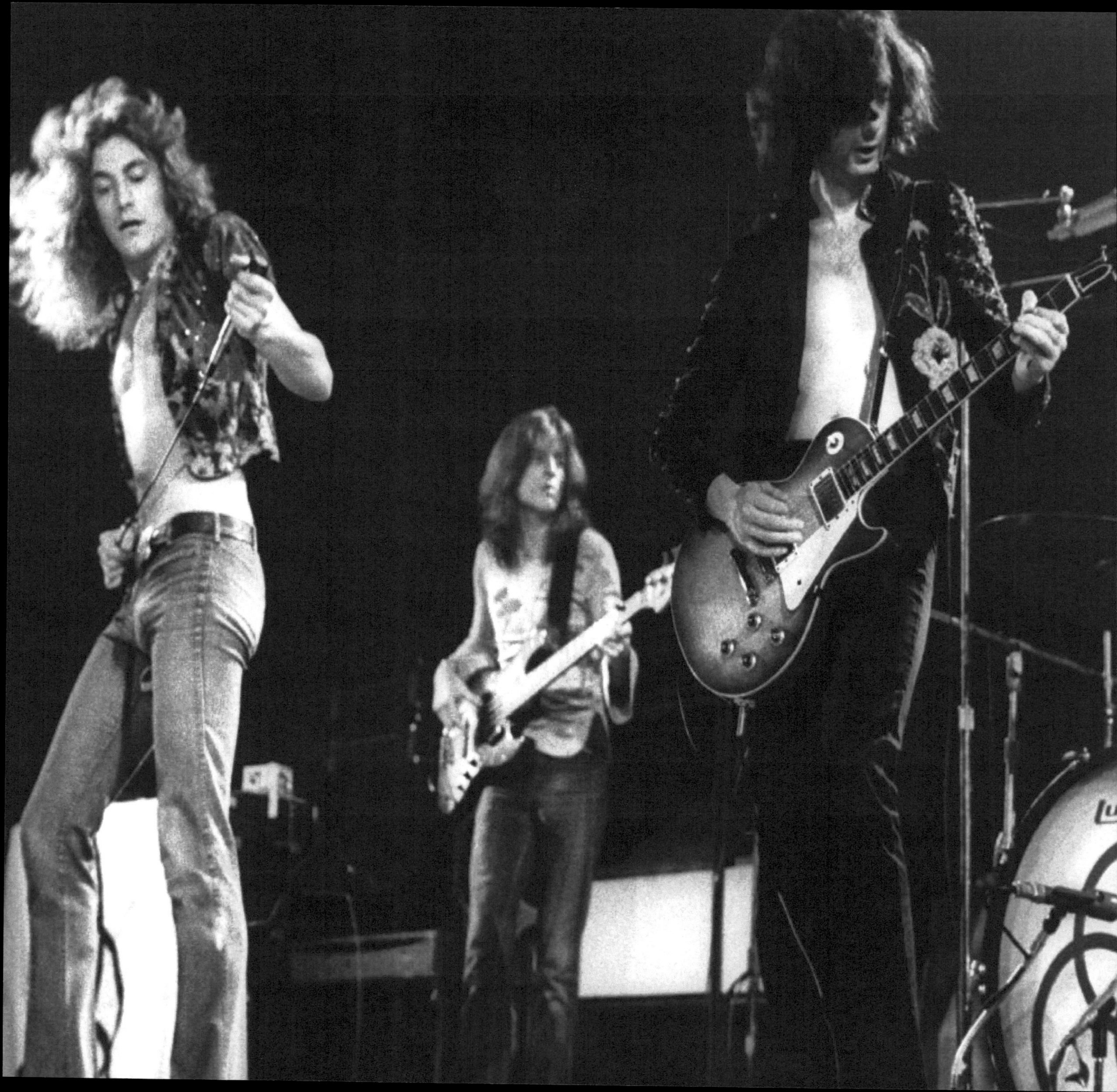

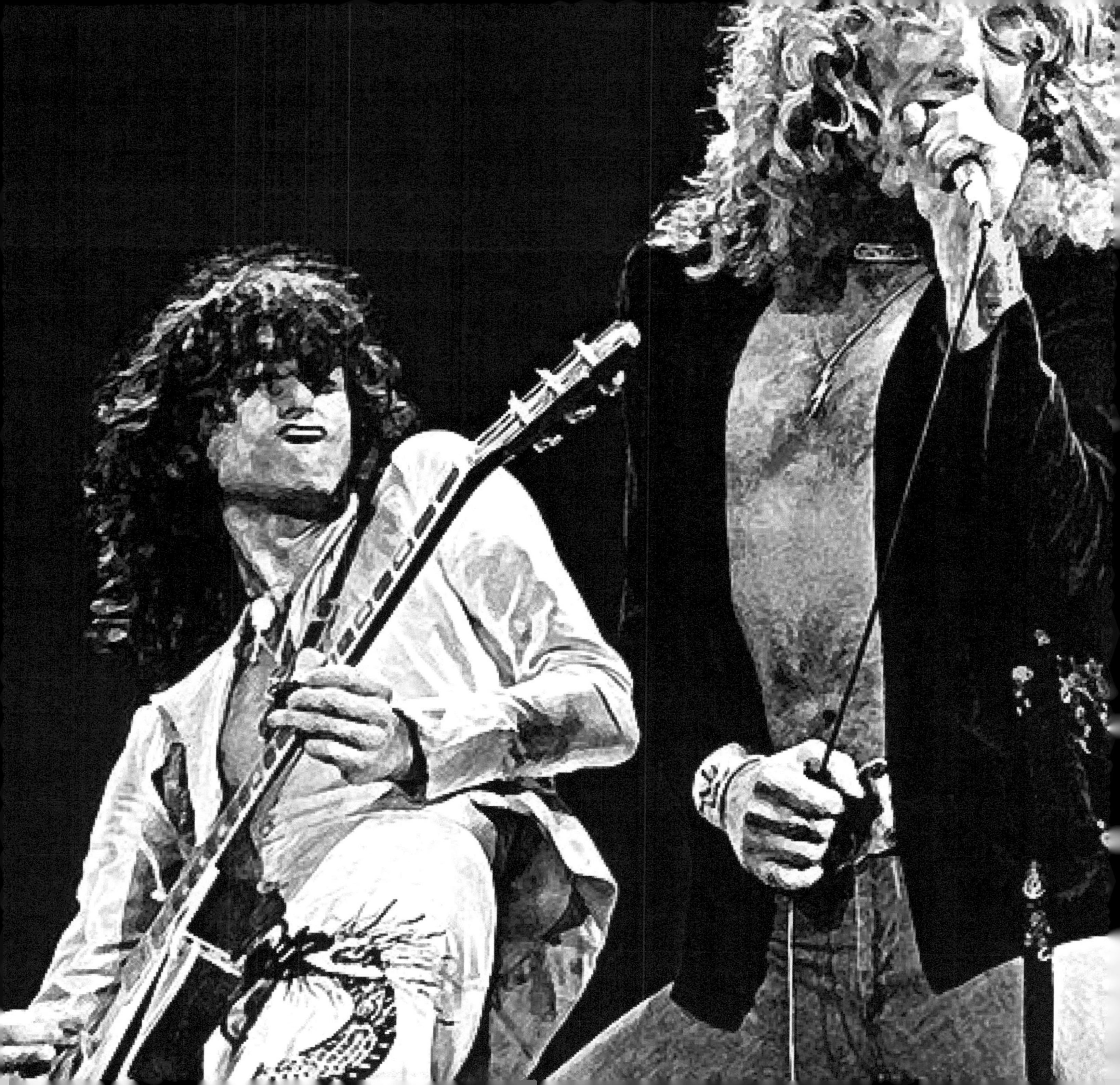

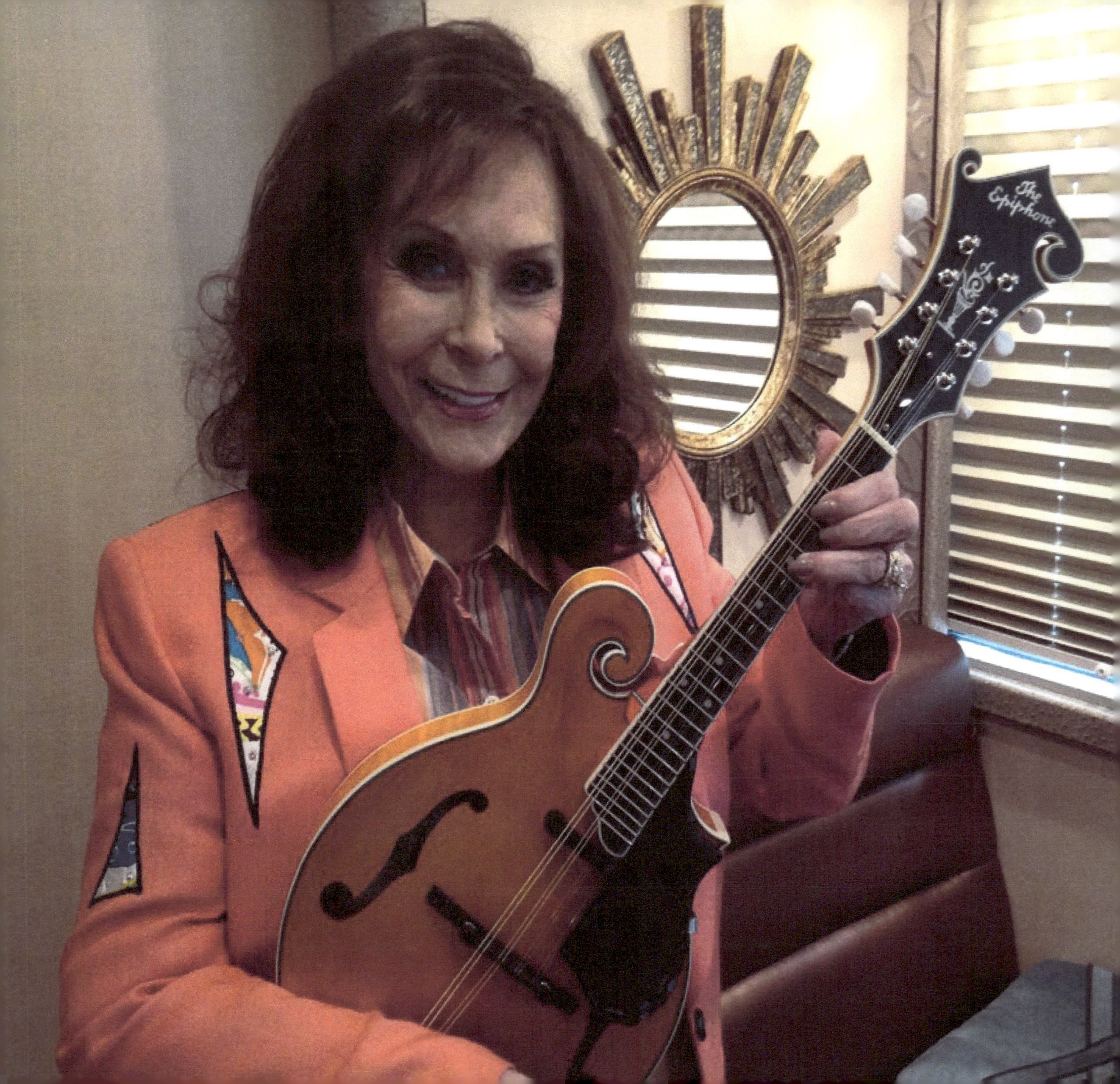
The Epiphone

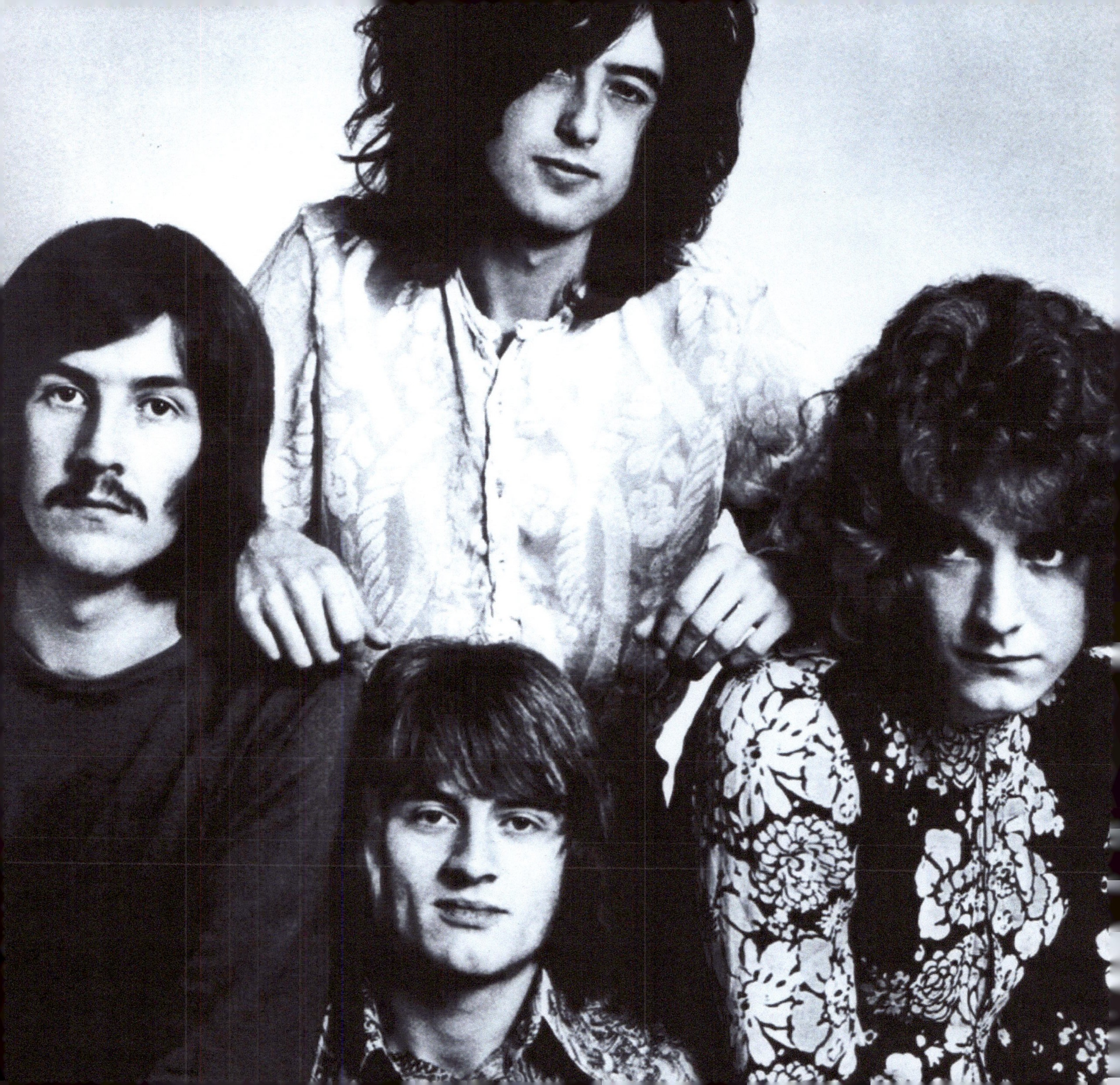

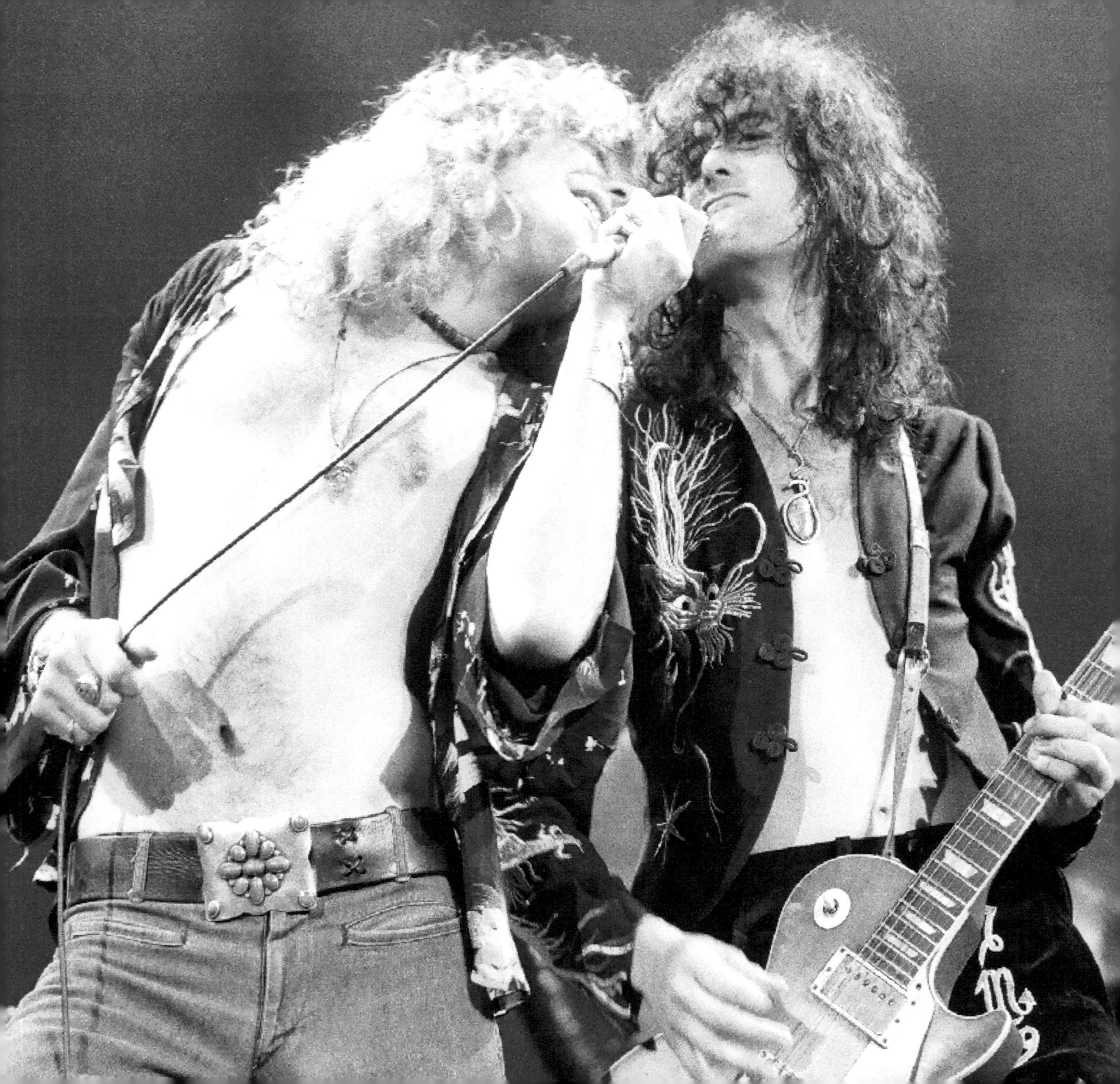

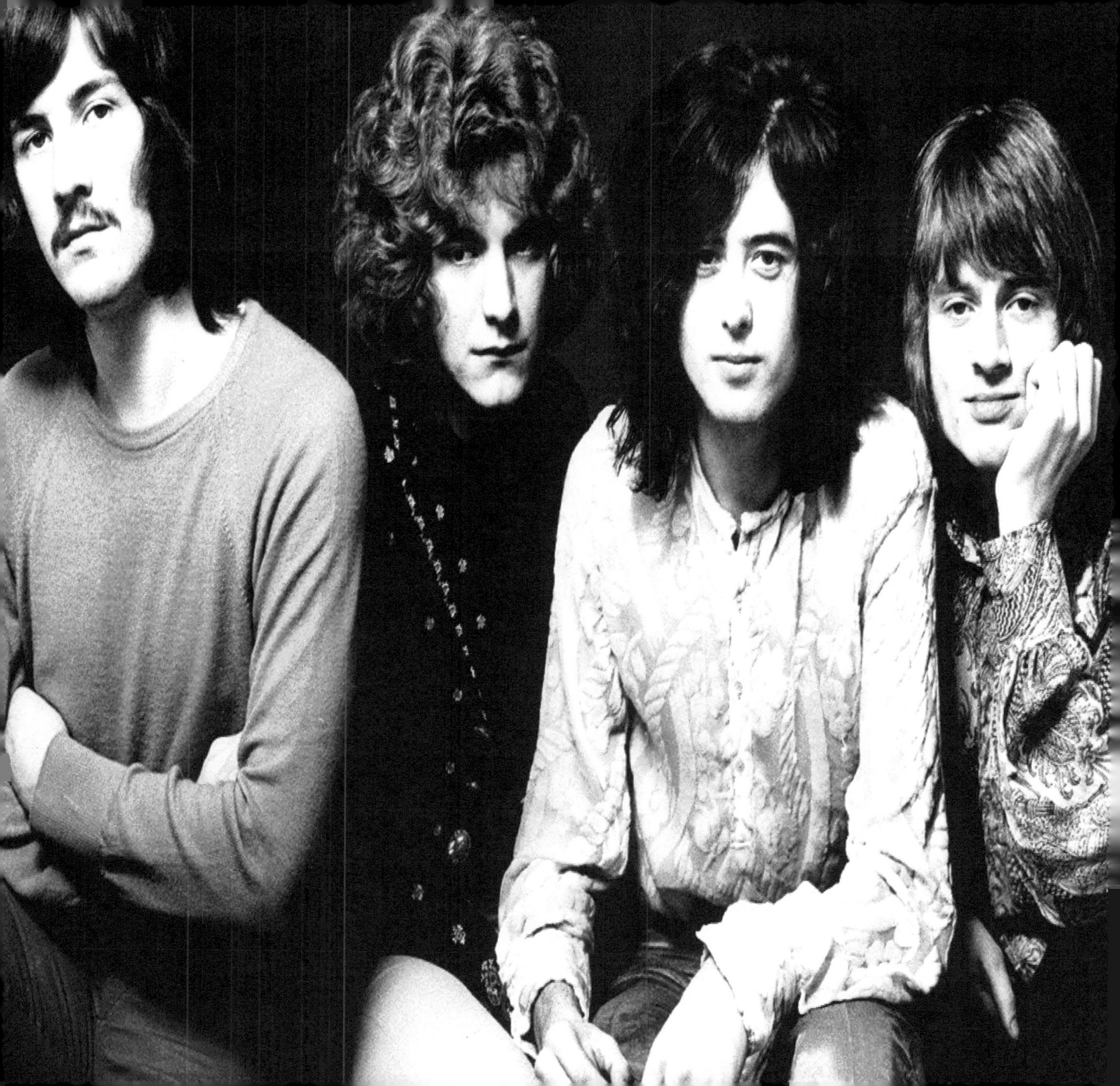

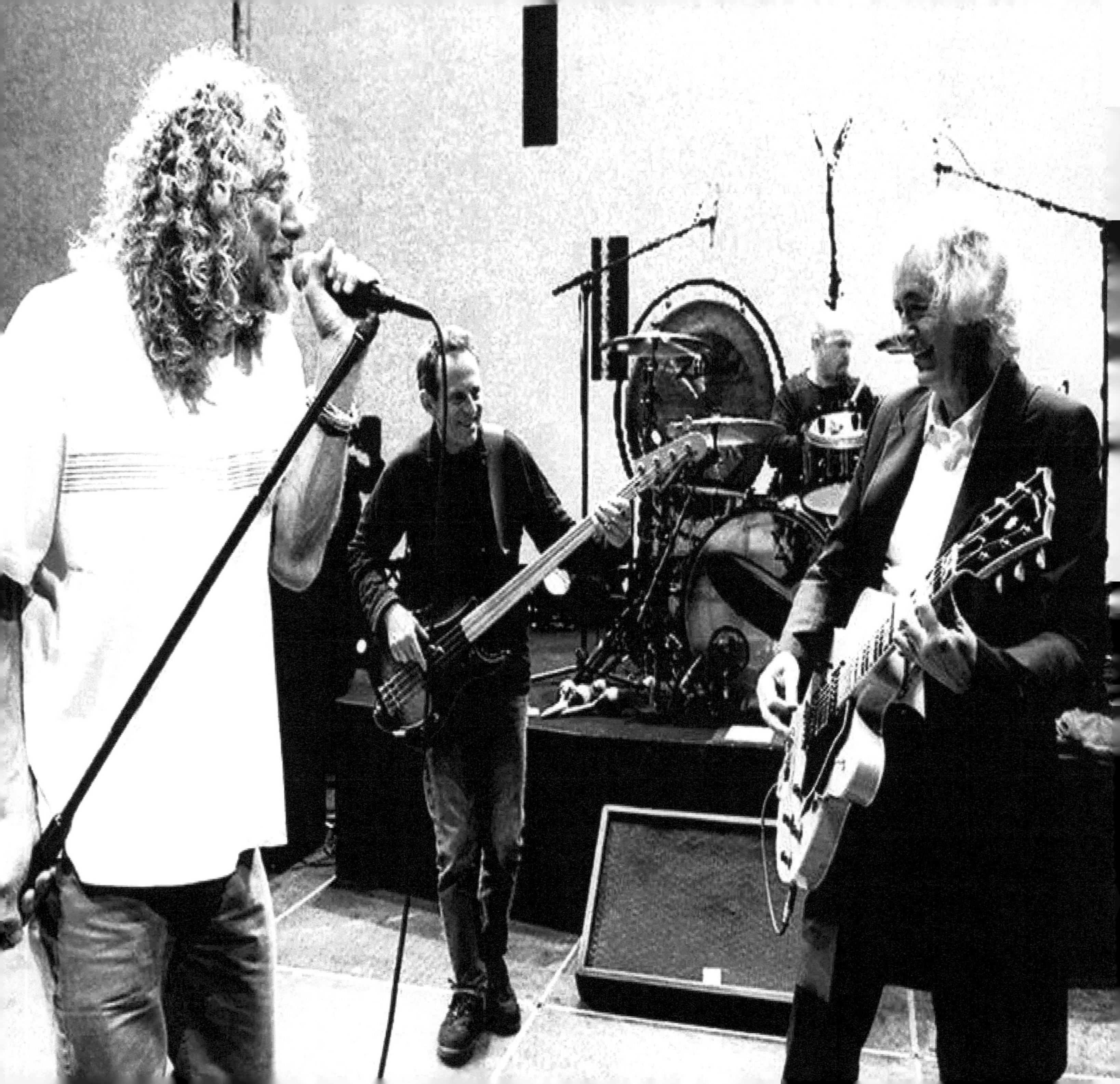

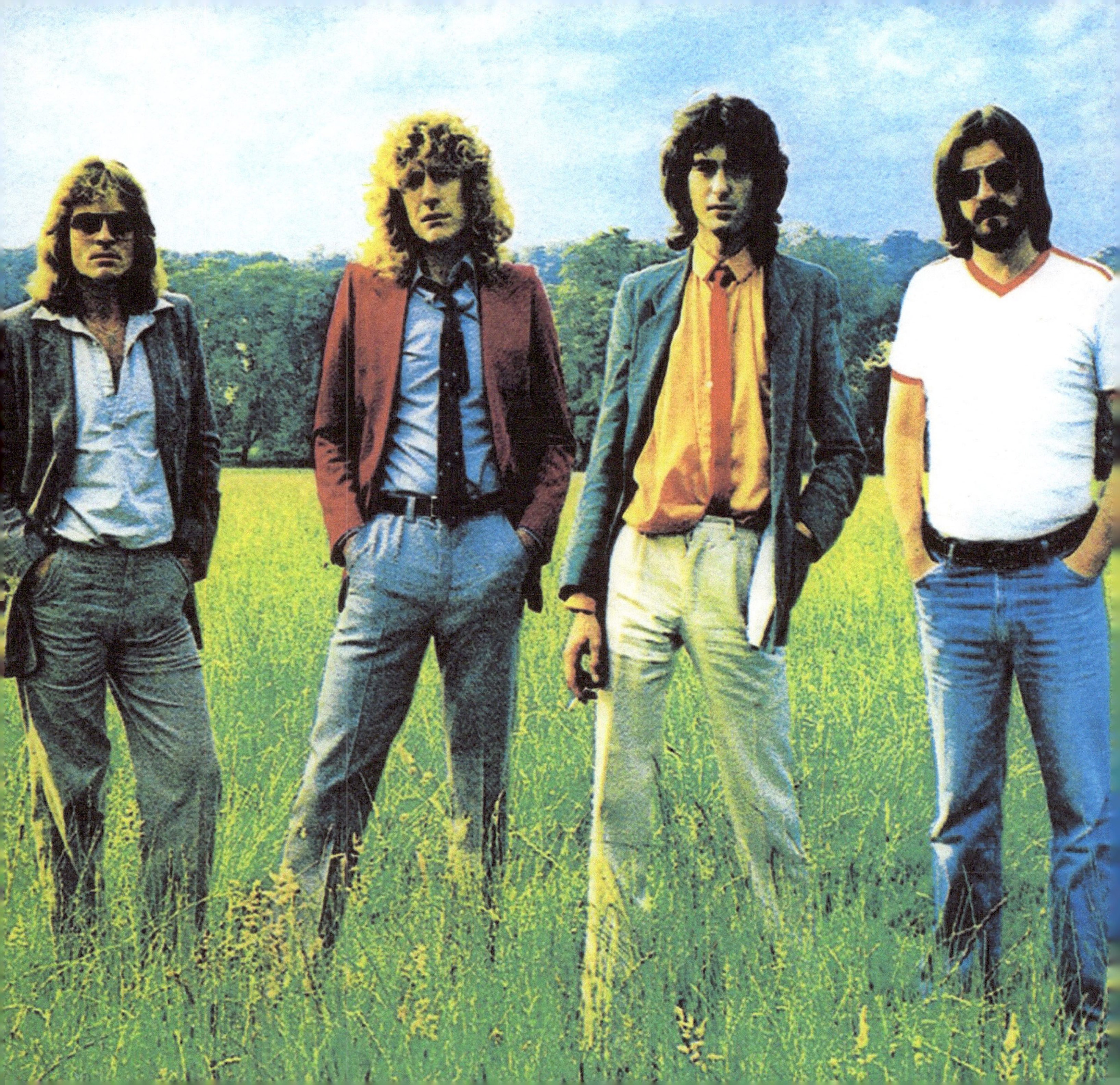

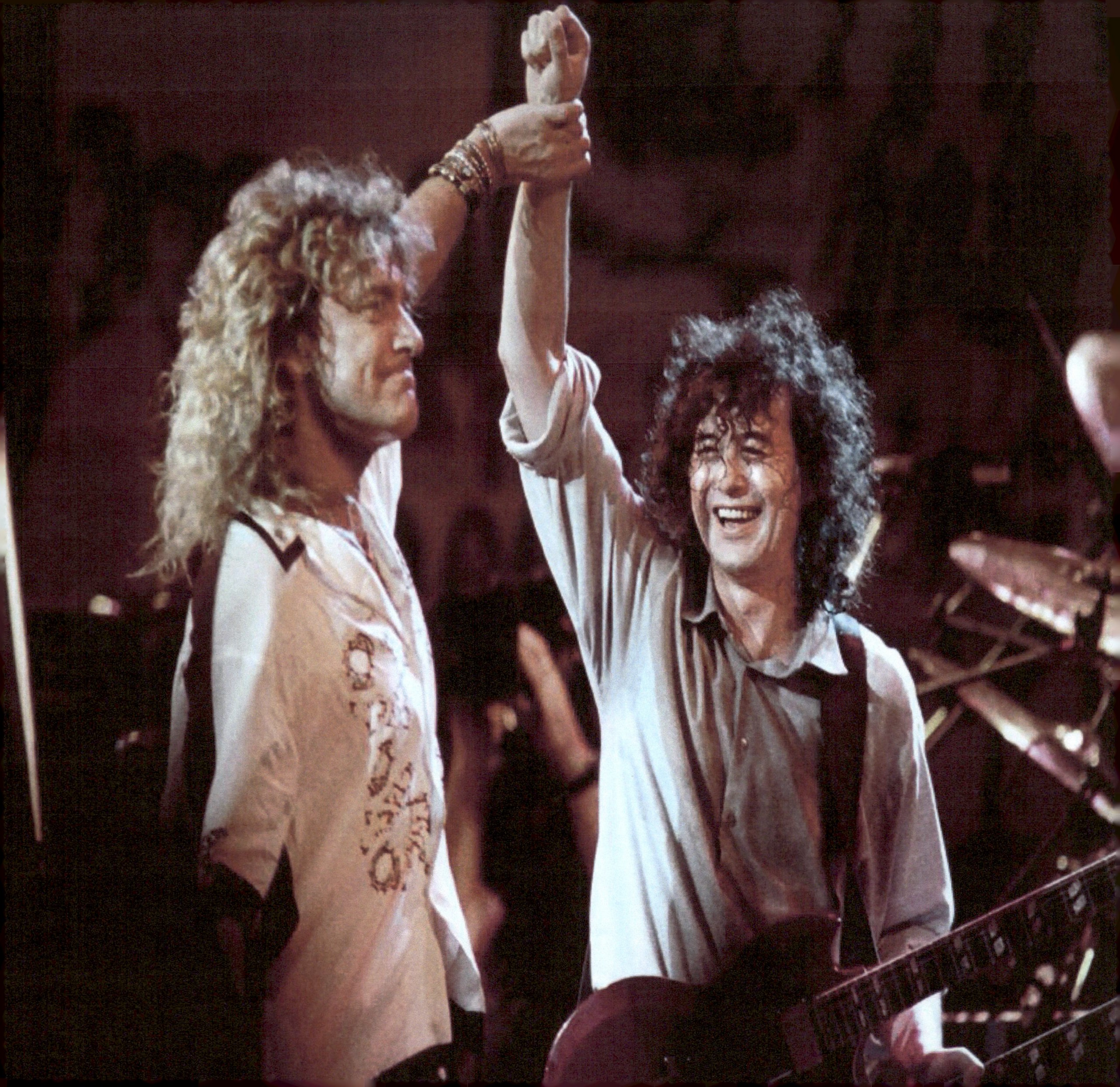

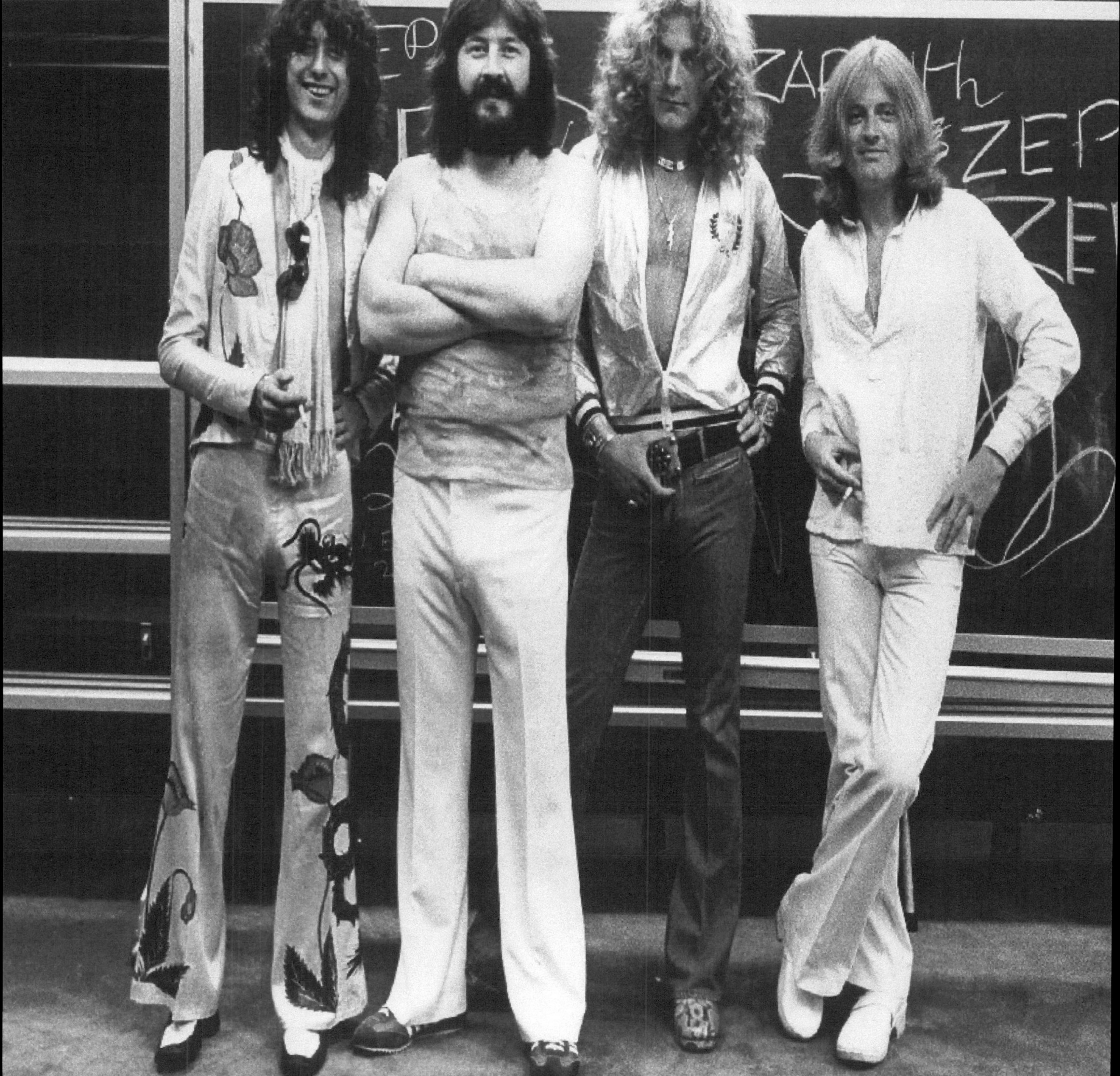
ZEP

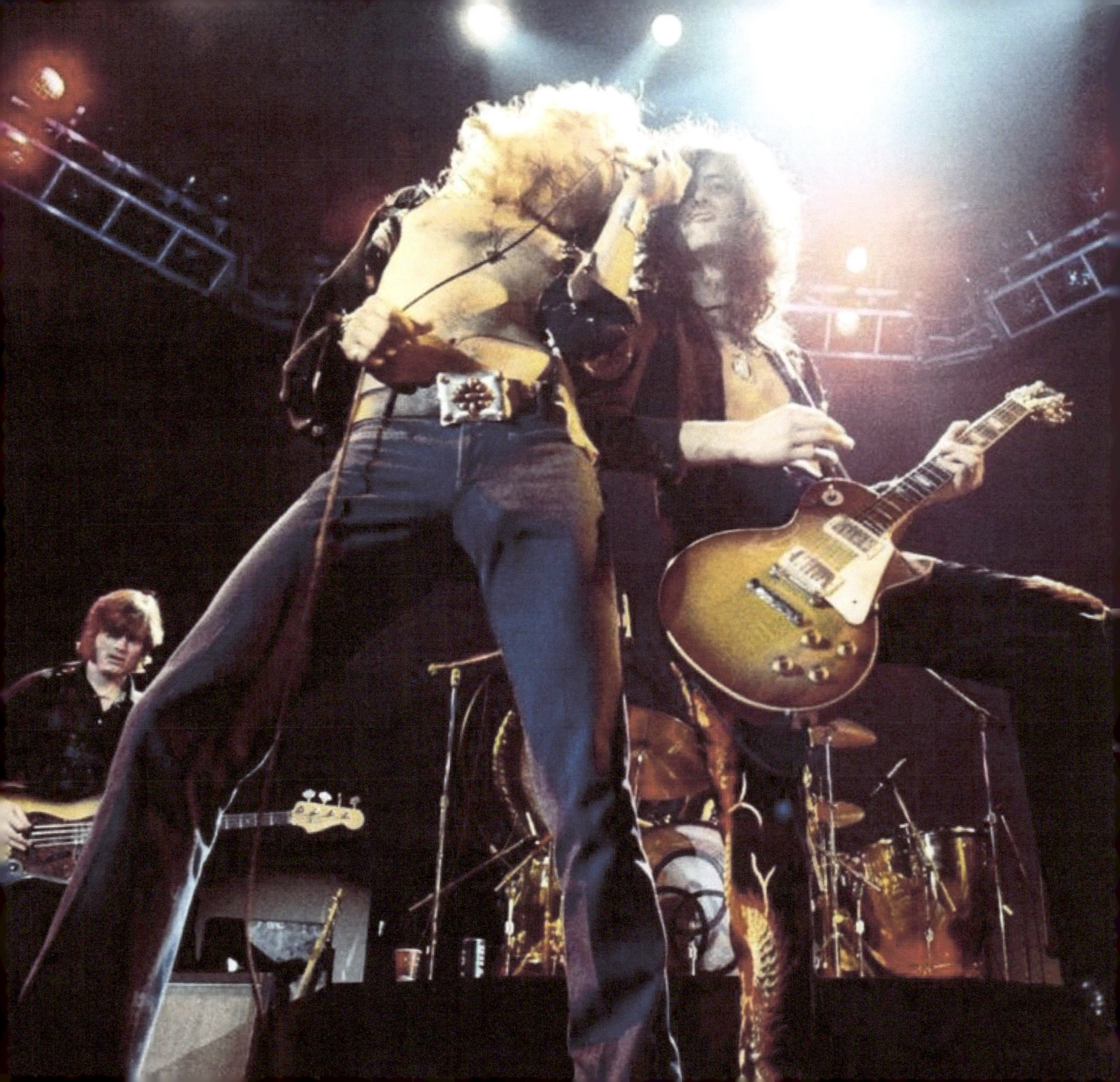

www.ingramcontent.com/pod-product-compliance
Lightning Source LLC
LaVergne TN
LVHW071108160826
845679LV00004B/1011
* 9 7 9 8 3 6 6 9 4 7 3 7 4 *